Die Kunst, Zeit zu haben

EMILE OESCH

DIE KUNST, ZEIT ZU HABEN

Ratschläge für den Umgang
mit unserem kostbarsten Gut

Illustriert von Annemie Lieder-Vetter

ORBIS VERLAG

ISBN 3-572-01331-3

Druck: GGP Media, Pößneck

817 2635 4453 6271

05 04 03 02

INHALTSVERZEICHNIS

VORWORT

Am Anfang eines wichtigen Entschlusses steht immer ein innerer oder äußerer Grund oder ganz einfach die Notwendigkeit.

Die Frage ist dann nur noch, ob und wie man diesem folgt, wie man die Not wendet.

Meine Eltern verloren im Ersten Weltkrieg ihr Vermögen, und ich stand als Jüngling vor der Notwendigkeit, die Hauptlast der Existenzsicherung auf mich zu nehmen und während zwölf Jahren einen großen Schuldenberg abzutragen.

Das war der Anfang meines Glücks: Ich konnte kämpfen!

Ich stand vor unzähligen Schwierigkeiten und hatte zu lernen, wie man sie löst. Sehr früh mußte ich begreifen, was Zeit ist und wie man mit ihr umgeht.

Ich brauchte Zeit, um zu lernen.
Ich brauchte Zeit, um sehr viel zu leisten.
Ich brauchte Zeit, um mich selber zu finden und zu sein.

Später galt es, als Leiter eines großen Betriebes weite Fachgebiete zu durchleuchten. Noch später, als ich Unternehmensberater war, kamen Hunderte von Betriebsleitern mit Problemen, die es zu lösen galt; dazu haben Unzählige persönlichen Rat und Hilfe gesucht.

Ich brauchte aber auch Zeit für meine vielen Interessengebiete. Ich studierte Betriebswirtschaft, Psychologie, Philosophie, die Religionen und - als Sammler - Kunstgeschichte.

Ich trieb Sport und liebte es, den Garten selber zu pflegen.

Als Verleger mußte ich die Kunst, zeitsparend zu lesen, beherrschen.

Nun, was lernte ich über die Zeit, und was ist Zeit?

Zunächst dies: daß sehr viele unserer Mitmenschen mit der Uhr am Arm oder in der Hand leben und das, was sie zu sagen hätten, noch nicht ganz gelernt haben.

Die Frage der persönlichen Entwicklung und der Lösung der eigenen Probleme ist in hohem Maß auch eine Frage des Zeithabens.

Emil Oesch

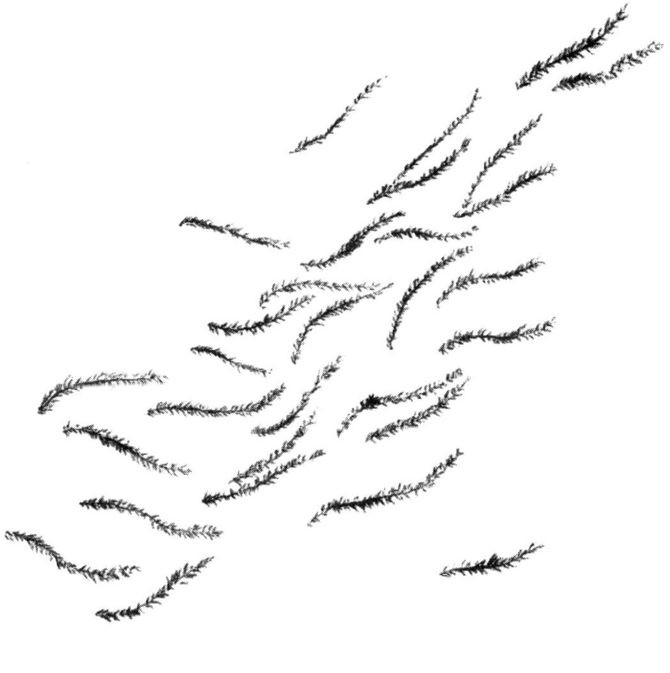

WAS IST ZEIT?

Die Worte »Ich habe keine Zeit« sind zum Alltagsspruch vieler, allzu vieler Leute geworden. Mit der Zeit gehen heißt für viele, keine Zeit zu haben.

Zeit ist ein relativer Begriff. Zeit ist das, was man daraus macht. Einige holen aus Minuten mehr heraus als andere aus Stunden.

Man kann etwas von der Zeit haben, oder die Zeit kann uns haben.

Zeit haben heißt nicht, noch mehr Zeit zu gewinnen, um noch mehr zu krampfen, sondern:

Zeit haben, um ein freier Mensch zu sein,
Zeit haben für sich selber,
Zeit haben für die Familie,
Zeit haben für alle, die uns brauchen,
Zeit haben für die eigene Entwicklung,

Zeit haben zum Nachdenken,
Zeit haben für das Wesentliche.

Der Mensch, der keine Zeit hat, engt sich selbst ein. Ohne das Bewußtsein freier, großer Zeiträume lebt und denkt der Mensch im kleinen, begrenzten Raum. Der Kleinkram des Tages belegt seine Zeit und seinen Geist und stutzt ihm schließlich die Flügel.

Wer keine Zeit für sich hat, ist unfrei.

Die Frage ist die, ob wir Zeit haben, um zu leben, ob wir Zeit haben, uns selber und auch andere glücklich zu machen.

Viele hasten, um Glück zu haben. Sie haben aber keine Zeit zum Glücklichsein.

Ein glücklicher Mensch hat übrigens mehr von der Zeit als der mit sich selbst und der Welt unzufriedene, weil er mehr vom Leben hat.

MAN KANN ZEIT HABEN, OHNE ZU HETZEN

Die Zeit zu nutzen wissen hat nichts mit hetzen und rennen zu tun; die Produktiven lieben die Hetze nicht, weil sie wissen, daß sie ihnen schadet. Die alte Weisheit »Eile mit Weile« gilt immer noch. Sprichwörter sind nicht immer zutreffend; manchmal stimmen sie aber doch:

> »Menschen, die von Sonnenaufgang bis Sonnenuntergang in Eile sind, leben nicht lange.«

Ein Freund, der leider für sich selbst und für das, was ihm guttäte, keine Zeit zu haben glaubt, erzählte uns von einem amerikanischen Supermanager, der zwei Privatflugzeuge zur Verfügung hatte und kindisch stolz darauf war, von seiner eigenen Sekretärin nach einem genauen Stundenplan zeitsparend manipuliert zu werden und busy in der Welt herumzurasen.

Die Flugstunden mußten für Konferenzen im

Flugzeug - das gleichzeitig Konferenzraum war - ausgenützt werden. Mit 50 Jahren war dieser Mann ausgebrannt und starb an Herzschwäche. Er hatte es eben eilig.

Es gibt ja auch das alte Sprichwort: »Wer im Galopp lebt, fährt im Trab zum Teufel.« Alle Eiligen sollten wissen, daß die Wahl des Zieles und die Richtung wichtiger ist als die Eile,

denn wer in der falschen Richtung geht,
dem hilft auch Galoppieren nichts.

Nach einer alten Sage glaubte ein Bauer, seinem Korn beim Wachsen nachhelfen zu müssen. Er hatte keine Geduld, auf die Ernte zu warten. Nacht für Nacht ging er auf seinen Acker, zupfte und streckte die Halme. Zu spät merkte er, daß sie seine Nachhilfe nicht ertrugen, welkten und zugrunde gingen.

Der Leiter einer europäischen Forschungsgruppe, deren Teilnehmer viele Tage lang durch den südamerikanischen Urwald marschierten, berichtet folgendes:

Eines Morgens ließen sich die indianischen Träger, denen der Transport des Gepäcks anvertraut war, nicht dazu bewegen, das Lager, das unterwegs jeden Abend aufgeschlagen wurde, zur Weiterreise zu verlassen. Der Anführer der Träger, der gefragt wurde, was dies zu bedeuten habe, erklärte:

»Ihr weißen Männer seid in so großer Eile und Hast vorwärtsgeeilt, daß unsere Seelen nicht nachgekommen sind. Jetzt müssen wir warten, bis sie uns wieder eingeholt haben.«

Ein amerikanischer Kaufmann interessierte sich beim Vorsteher eines mexikanischen Dorfes, in dem die typischen mexikanischen Sombreros hergestellt werden, was ein solcher Hut koste.

Der Vorsteher nannte den Stückpreis, worauf der Amerikaner fragte, was es denn koste, wenn er hundert, tausend und mehr Sombreros kaufe; dann müßten diese ja viel billiger werden.

Die Antwort lautete: »Nein, dann kosten sie mehr, denn je mehr Sombreros wir machen, um so mehr müssen wir von unserem Leben darangeben.«

AUSRUHEN UND ENTSPANNEN BRINGEN ZEITGEWINN

Der gehetzte Mensch krallt sich in seine Probleme, überfordert seine Nerven und ist dadurch nie sicher, ob er richtig entscheidet.

Der Gelassene findet scheinbar spielend die besten Lösungen.

Zu uns ist auch gesagt: »Gott gab die Zeit . . . von der Eile hat er nichts gesagt.« Es heißt auch richtig: »Raste nie, doch haste nie, sonst haste die Neurasthenie!«

Man könnte sich auch den klugen französischen Ratschlag merken:

Messieurs, ça presse, asseyons nous!
(Meine Herren, es eilt, setzen wir uns!)

Nur aus der Ruhe erkennen wir auch die tiefe Wahrheit des französischen Ausspruchs:

»Le cœur a des raisons que la raison ignore.« (Das Herz hat Gründe, von denen der Verstand nichts weiß.) Herz steht hier für den inneren Aufruf, den inneren Auftrag. Das heißt, daß wir meist besser täten, diesem Ruf, dieser Stimme zu folgen, statt dem kalten, spekulierenden, räsonierenden Verstand zu gehorchen.

Arbeit in Ruhe zu leisten ist Zeitgewinn.

Die Unruhigen kommen stets mit der Arbeit und der Zeit in Konflikt. Ihr Pensum, ihre Pflichten sehen sie als immer größer werdende Last.

Ausgeruhte sind entscheidungsfähiger; sie finden auch bessere Lösungen als nur Aufgeputschte.

Dem ausgeruhten Geist zeigen sich alle Dinge ganz anders.

Der ausgeruhte, erfrischte Geist scheut keine Schwierigkeiten - er löst sie. Aus diesem Grunde ist die Kunst, Zeit zu haben, auch die Kunst

Pausen einzuschalten,
Zeiten der Erholung,
Zeiten der Ruhe,
Zeiten der Stille.

Stefan Zweig sagt:

»Auch die Pause gehört zur Musik.«

Ruhen ist Instandstellen, Bereitstellen, Körper und Seele können ausgleichen, neue Kraft schöpfen. Ruhe wirkt auf Körper, Geist und Seele.

Die während Ermüdungszeiten geleistete Arbeit braucht das Drei- und Mehrfache an Zeit und Kraft.

Es gibt die typische Unproduktivität der Ermüdeten.

Sie leisten entweder bedeutend weniger oder Ungenügendes oder Schlechtes.

Wer Zeit hat, kann sich auch entspannen.

Wenn wir gelöst an ein Problem herantreten, geht alles leichter und rascher vonstatten. Wir sollten deshalb täglich Zeiten der Entspannung einschalten und vor allem ausruhen, bevor wir zu müde sind.

Ermüdung, die nicht durch nachfolgende Ruhe und Entspannung ausgeglichen wird, häuft sich an. Man braucht dann immer längere Erholungszeiten, um die normale Tatkraft wieder herzustellen.

Eine heute in Vergessenheit geratene Mäher-Erkenntnis lautet:

> *»Man soll die Sense wetzen, solange sie noch schneidet.«*

DIE SCHÖPFERISCHE PAUSE

Es gibt sie also tatsächlich: die schöpferische Pause. Diese Kunst des Pausemachens zur rechten Zeit meint Laotse, wenn er paradoxerweise sagt:

> *»Beim Nichtstun bleibt nichts ungetan.«*

Und man spricht viele an, wenn man sogar das Lob der Faulheit singt. Deshalb wohl stimmte man es auch an in einem Inserat für eine bestimmte Automarke.

Es wird darin unter anderem Troll zitiert, welcher der Meinung ist, die Faulheit sei der Humus des Geistes, und ferner Kusenberg, der sagt:

> »Alle Radfahrer treten, um von der Stelle zu kommen. Damit sie nicht zu treten brauchen, wenn es nicht sein muß, hat ein kluger Mann den Freilauf erfunden. Der Freilauf schenkt

> dem Radfahrer die höchste Lust: von der Stelle zu kommen, ohne sich zu mühen.
>
> Die Faulheit ist nichts anderes als der Freilauf. Wer faulenzt, kommt von der Stelle, ohne zu treten. In ihm läuft sich etwas frei.«

Es mag richtig sein, daß es Leute gibt, die nicht einmal mehr produktiv faul sein oder - besser gesagt - bewußt ganz ausspannen können, und daß so ihre übertriebene Geschäftigkeit zur schlechten, statt zur guten Gewohnheit werden kann.

Manche wollen der lieben Umwelt zeigen, wie beschäftigt sie sind.

Ja, sie sind stolz darauf, als Überbeschäftigte zu gelten. Ihre Betriebsamkeit ist zur Schau getragene sogenannte Tüchtigkeit. Aber eben, auch Tüchtigkeit ist bekanntlich nicht alles.

Jemand hat gesagt, es sei egal, wieviel ein Mensch zu tun habe, nie habe er so viel zu tun, daß er nicht Zeit finde, irgend jemand zu erzählen, wieviel er zu tun habe.

Von der Uhr gejagte Menschen sind in der Regel Opfer einer völlig falschen Konzeption ihres Berufes und insbesondere ihres Lebens.

> *In entscheidenden Fällen kommt es beim Mann oder bei der Frau an der Spitze nicht immer und nicht einmal besonders darauf an, ob er bzw. sie ohne Unterbrechung und täglich viel oder wenig hervorbringt, sondern was wertmäßig hervorgebracht wird und welche positive geistige Wirkung daraus entsteht.*

Man kann in hektischer Betriebsamkeit auch leeres Stroh dreschen. Dafür gibt es viele Beispiele.

Der Schriftsteller Friedrich Dürrenmatt nannte als wirksames Mittel gegen die sogenannte Managerkrankheit:

> »Stecke mehr Zeit in deine Arbeit als Arbeit in deine Zeit.«

Wir wollen natürlich mit diesen Hinweisen keineswegs der Faulheit Vorschub leisten. Es wäre gefährlich, lediglich Faulheit zu predigen. Manchen aber täte etwas produktive Faulheit mitunter gut.

Manchmal muß man überhaupt - und das gilt auch für Chefs - die Dinge walten lassen.

Alles braucht nicht nur Zeit, sondern alles braucht seine Zeit.

Was man zur Unzeit tut, ist schlecht getan und Zeitverlust. Man muß auch wissen, wann es Zeit ist zu reden, zu schweigen und zu handeln.

WIE MAN ZEIT GEWINNT UND WIE MAN ZEIT VERLIERT

Die Kunst, Zeit zu gewinnen, ist gleichzeitig die Kunst, die Tage, Wochen und Monate als für uns offene Zeiträume richtig zu sehen und berufliche und persönliche Aufgaben und Ziele ohne Bürde und Zwangsvorstellungen - und mit genügend freier Zeit - einzuteilen und einzuplanen.

Planen ist die zu leistende Denkarbeit, um ein Ziel zu erreichen.

Jede erfolgreiche Arbeit beginnt stets mit einer Übersicht der Situation. Zuerst muß man sich Klarheit darüber verschaffen, was getan werden soll, wie es getan werden soll und wann eine Aufgabe begonnen und beendigt werden muß.

Es ist verhängnisvoll und zeitraubend, sich in Unternehmen und Aufgaben zu stürzen, ohne sich Rechenschaft darüber abzulegen, ob die Ausgangssituation richtig eingeschätzt wurde, welches Ziel wir erreichen müssen, welche Kräfte, welche geistigen und materiellen Hilfsmittel zur Verfügung stehen und in welcher Zeit die gestellte Aufgabe gelöst werden soll.

Wir erreichen nur das ohne Zeit- und Kräfteverlust, was wir durch realistische Übersicht, durch vorsichtiges Prüfen, geistiges Vorbereiten und Handeln uns Tag für Tag näherbringen.

»Des Weisen Amt ist: ordnen.« Wir fahren gut, diesem klugen Ratschlag Thomas von Aquins zu folgen.

Schon allein das Ordnen der Aufgaben in der Reihenfolge ihrer Dringlichkeit schafft Zeitgewinn.

Menschen, die Zeit haben, sind immer auch Menschen, die nicht glauben, sie müßten alles selbst machen.

Sehr viel Zeit verliert der Eintopf-Kopf.

Bei der Zubereitung von Eintopfgerichten wird alles im gleichen Topf gekocht. Das läßt sich nicht auf die Arbeitsmethodik übertragen. Dennoch gibt es Leute, die alle ihre Probleme gleichzeitig im Kopf herumtragen und sie immer und immer wieder in buntem Durcheinander wälzen; Probleme, Sorgen, Entscheidungen, Einfälle, verpaßte Gelegenheiten, Rückschau, Vorschau - alles durcheinander.

Wie ist es da möglich, ohne Zeitverlust ein Problem um das andere sauber abzuhaken?

Kluge Arbeitstechnik ist gleichsam französische Küche: eines nach dem anderen.

Niemand würde es sich leisten, schon am Montag früh sich sämtliche Morgen-, Mittag- und Abendessen der ganzen Woche und alles durcheinander an einem Haufen auf einmal vorsetzen zu lassen, ohne sich den Appetit zu verderben. Dennoch tun das viele mit ihrem Arbeitspensum.

> *»Arbeit vom Haufen« führt zu Unentschlossenheit, verkrampftem Arbeiten und Zeitverlust.*

Nicht genug, daß sich die Unlust bei aufgeschobener Arbeit von Tag zu Tag vergrößert. Man kommt immer mehr dazu, ab Lager oder vom großen Haufen zu arbeiten.

Das Zögern, das entsteht, wenn man eine Menge Arbeit vor sich sieht, ist groß.

Bei sehr vielen schlägt die Arbeitslust in chronische Arbeitsunlust um. Die Leistungskurve sinkt, und es wird gerackert statt gearbeitet.

Es kann so weit kommen, daß Arbeiten, die auf eine längere Zeitdauer zu verteilen sind, überhaupt nicht angefangen werden oder daß die eine oder andere eilige Arbeit jeweils herausgegriffen wird, um wenigstens das Allerdringendste mit Müh und Not immer unter dem Druck der Gesamtlast der aufgehäuften Arbeit erledigt zu haben.

WIE MAN STÖRENDES ABSCHALTET

Wer Zeit haben, Zeit gewinnen will, muß Fließarbeit wie Arbeit vom Fließband leisten.

Wer richtig vorgeordnete, zeitsparende Fließarbeit leistet, wird sich gedanklich immer nur die als nächstes an die Reihe kommende Arbeit ins Gesichtsfeld rücken und so doch das ganze Tagespensum ohne inneren Widerstand zu Ende führen.

Keinem am Fließband beschäftigten Arbeiter würde es einfallen, andauernd dem Fließband entlangzusehen und sich mit allen Arbeiten zu belasten, die ihn noch nicht erreicht haben. Er beschäftigt sich ausschließlich mit der Arbeit, die ihm das Fließband gerade zugeführt hat.

Eine gute Illustration dazu bildet die Erzählung eines Schiffsoffiziers: Als ein großer, nach Indien fahrender Überseedampfer vor Port Said lag, hatte sich eine riesige Menge Wäsche angehäuft. Der Erste Offizier stellte drei indische Wäscher an, die den Auftrag bekamen, bis zur Ankunft des Schiffes in Kalkutta die ganze Wäsche zu erledigen.

Als der Offizier zwei Tage später nach dem Fortlauf der Arbeit schaute, entdeckte er, daß die Inder überhaupt noch nicht damit angefangen hatten. Sie erklärten, es sei eine solche Menge zu waschen, daß es unmöglich sei, damit überhaupt fertig zu werden, und daß es sich deshalb nicht lohne, mit Waschen zu beginnen.

Der Offizier ließ nun den Haufen Wäsche in einen separaten Raum bringen und gab jeden Tag nur einen Teil heraus, und zwar gerade soviel, wie gewaschen werden konnte.

Als das Schiff in Kalkutta ankam, waren sämtliche Kleidungsstücke und Tücher sauber gewaschen.

Um Zeit zu gewinnen, ist es deshalb erforderlich - zumindest gedanklich, geistig -, alles außer Sicht zu schaffen, was nicht gerade jetzt getan werden muß.

Größere Aufgaben sind stets in Einzelaufgaben zu zerlegen. Dann kann man an jeder Teilaufgabe arbeiten, ohne sich über die folgende im voraus Sorgen machen zu müssen.

Jede Aufgabe, jedes Problem löst sich leichter und schneller, wenn anderes außerhalb des Blickfeldes liegt.

Konzentriertes Arbeiten führt ohne Zeitverlust zum Ziel, weil anderes abgeschaltet und außer Sicht ist.

Es gibt Menschen, die Stunden verlieren, weil sie krampfhaft ein und dasselbe Problem immer wieder im Kopf herumwälzen, ohne zu versuchen, Distanz zu gewinnen. Der Wille ist dann angespannt und blockiert den Ideen- und Gedankenfluß.

Grübeln ist ein Zeiträuber und bringt keine Resultate.

Wer krampfhaft sucht und zu nahe am Problem sitzt, verliert immer Zeit. So, wie wir nur aus einer gewissen Distanz lesen können, so können wir nur aus einer gewissen Distanz denken und entscheiden.

Wir verlieren Zeit und Kraft, wenn wir alles, was passiert, alles, was man an uns heranträgt, bis auf die nackte Haut, ja bis auf die Seele kommen lassen.

Alte Tempel hatten Vorhöfe. In den äußersten Vorhof durften die Zugtiere, die Esel, Ochsen, Rosse, und die Wagen hereingenommen werden. Im nächsten waren noch die Händler mit Opfertieren, die Geldwechsler und die Ungläubigen zugelassen. Zum dritten hatten nur die »Gläubigen« Zutritt, zum vierten nur die Priester. Das innerste Heiligtum schützten oft zwei weitere Vorhöfe vor Zudringlichen und Unerwünschten.

Wir haben nicht die Möglichkeit, uns jederzeit derart abzuschirmen. Wir gewinnen aber Zeit, wenn wir draußen lassen, was nicht in den Vorhof, und im Vorhof lassen, was nicht in die inneren Räume gehört.

Wer keinen Zaun um seinen inneren Garten hat, bei dem trampeln alle herein.

Daraus geht hervor, daß alle Sorgen und Probleme nur dann unsere Zeit beanspruchen dürfen, wenn sie ihre von uns gewählte Besuchszeit haben und einhalten.

Wer sich von ihnen zu jeder Zeit und dazu noch in corpore belästigen läßt, ist zu bedauern.

Wir können also selbst bestimmen, wann sie bei uns nach gegebenen Terminen, nach Lust und Bereitschaft zur Prüfung, Bearbeitung, Erledigung oder erneuter Betrachtung zu erscheinen haben.

Der für alle Zeitbewußten und darum auch produktiv Arbeitenden notwendige Terminkalender ist gleichzeitig die Besuchsliste ihrer in der richtigen Reihenfolge vorgelassenen Probleme.

Alle anderen sind vorgemerkt, bleiben aber noch draußen.

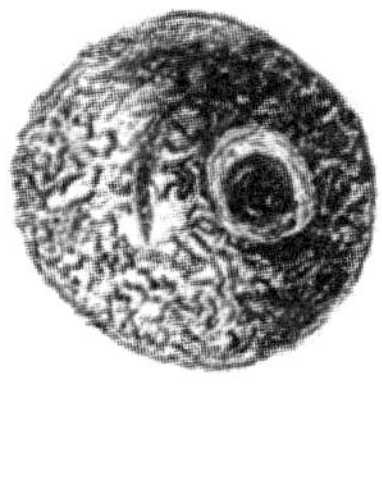

SITZUNGEN KÖNNEN ZEITRÄUBER SEIN

Viele Vorgesetzte leiden unter der Sitzungskrankheit, einem Zeiträuber sondergleichen. Man sollte sich, soweit das immer möglich ist, davor hüten, an unfruchtbaren Sitzungen teilzunehmen, von denen man von vornherein weiß, daß nur geschwatzt statt intensiv gearbeitet wird.

Viele Sitzungen sind lediglich dazu da, um den Beteiligten gegenseitig den Eindruck zu geben, man hätte etwas getan. Es gibt ebenso viele schwatzende Männer wie schwatzende Frauen.

Ein österreichischer Ministerialdirektor, Teilnehmer eines unserer Kurse, erzählte uns folgendes:

Als die Sitzungsseuche in seinem Ministerium zur Plage wurde, ließ er an allen Sitzungen der Ministerien einen besonderen Beamten teilnehmen, der alle Gehälter kannte und dem die Präsenzliste vorgelegt werden mußte.

Sobald die Sitzung so lange dauerte, daß der Betrag der Gehälter, umgerechnet auf die Sitzungsteilnahme, in unserer Währung tausend Franken überstieg, verlangte der Beamte den sofortigen Abschluß der Sitzung durch ein Resultat oder die Aufhebung.

Sein Mahnruf: »Meine Herren, die Sitzung hat bis jetzt tausend Franken gekostet. Sollte innerhalb zehn Minuten kein Resultat erreicht werden, muß sie abgebrochen werden!« hatte eine sehr gute Wirkung, weil es den meisten Herren, die teilnahmen, nicht ganz wohl wurde bei dem Gedanken, schon für tausend Franken gesessen zu haben, ohne ein Resultat zu erzielen.

Sitzungen könnten oft, wenn alle gut vorbereitet daran teilnähmen und wenn sie gut geleitet würden, in einem Bruchteil der dafür aufgewendeten Zeit positive Resultate erbringen.

Die Kunst, Zeit zu haben, ist auch die Kunst, sich die Leute vom Leibe zu halten, die uns die Zeit stehlen.

Es sind vor allem die Schwätzer, die Weitschweifigen, die Aushorcher, die Verständnislosen und die Ausnützer.

Napoleon soll gesagt haben, es gebe Diebe, die von den Gesetzen nicht bestraft würden und den Menschen doch das Kostbarste stählen: die Zeit.

Die Kunst, Zeit zu haben, ist zugleich ein psychologisches und ein arbeitstechnisches Problem.

Wer sich selbst kennt und sich selbst richtig zu behandeln und einzusetzen weiß, sollte auch wissen, zu welcher Jahres- und Tageszeit er am produktivsten ist.

Man kann die eigene Arbeits- und Leistungskurve der Jahreszeiten und des Tages wertmäßig sehen und wichtige Arbeiten in den Stunden verrichten, in denen man am produktivsten ist.

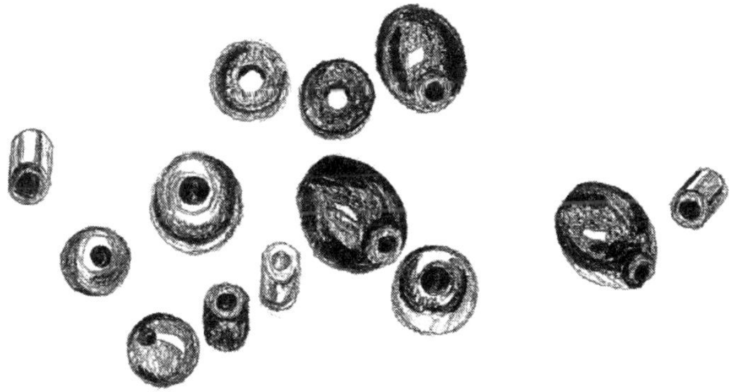

KOSTBARE STUNDEN NICHT AN GERINGWERTIGES VERSCHWENDEN

Für die Zeitbewußten, die kostbare Stunden nicht an Geringwertiges verschwenden wollen, ist auch die Auswahl der Bücher, der Zeitschriften und Zeitungen, die sie lesen, von Bedeutung. Durchschnittsleser wenden täglich viel zuviel Zeit für das Lesen von Tageszeitungen oder Wochenblättern auf.

Aus Gewohnheit oder Neugierde wird statt lediglich der Schlagzeilen Satz für Satz, Spalte für Spalte verschlungen. Wie wenig letztlich von dieser Lektüre gespeichert wird, können wir leicht feststellen, wenn wir beispielsweise einen Mitreisenden, der im Zug während zweier Stunden seine Zeitung vorwärts und rückwärts las, am Ende der Reise fragen, was er auf Seite drei oder vier der Zeitung aufgenommen und behalten habe.

Schon kurz nach der Lektüre bleibt nur weniges im Gedächtnis haften. Wieviel weiß der Mensch von dem zu berichten, was er vor vier, fünf oder sechs Tagen in der Zeitung gelesen hat? Wem wird nicht klar, wie sehr diese Art des Lesens, die allgemein geübt wird, das schöpferische Eigendenken nach und nach beeinträchtigt?

Natürlich wollen wir damit nicht sagen, daß Zeitungen überhaupt nicht gelesen werden sollten. Sie sollen gelesen werden, aber auf eine zeitsparende und produktive Art.

> *Der und die Zeitbewußte sollte sich deshalb sowohl für die Durchsicht der Zeitungen als auch für die übrige Lektüre eine Technik des Lesens aneignen, die ihm bzw. ihr nicht nur dazu verhilft, zeitsparender und schneller zu lesen, sondern sich auch in kürzester Zeit umfassender zu informieren.*

Überspitzt sagt K.I. Weber: »Was nicht wert ist, mehr als einmal gelesen zu werden, verdient gar nicht, gelesen zu werden.«

Es lohnt sich also, einmal zu prüfen, wieviel Zeit man für die Zeitungslektüre aufwendet.

Wer es versteht, diagonal zu lesen, sucht mit geübtem Blick Seite um Seite ab, indem er vorerst nur die Titelzeilen liest.

Es ist möglich, auf diese Weise im Tag mehrere Zeitungen in wenigen Minuten durchzusehen und doch besser informiert zu sein.

Viele Leute erklären, keine Zeit zu haben, ohne darüber nachzudenken, wie viele Stunden sie beim Fernsehen, beim Sport, beim Biertischklatsch und bei gesellschaftlichen »Verpflichtungen« verlieren. Vergnügungen, die keine sind, sollten konsequent gemieden werden.

Die Freizeit kann Zeitgewinn, aber auch Zeitverlust sein.

Je kürzer die Arbeitszeit wird, um so länger wird die Freizeit. Wie viele haben schon gelernt, richtig damit umzugehen?

Heute ist nicht nur die Einstellung zur Arbeit ein Problem, auch die Freizeit ist eines. Viele Leute holen sich ihre Infarkte und ihre seelischen Kurzschlüsse nicht bei der Arbeit, sondern während der Freizeit.

»Chacun cherche à tuer son temps, mais personne ne veut mourir.« (Alle versuchen, ihre Zeit totzuschlagen, aber niemand will sterben.) Dieses französische Bonmot sagt, was wirklich viele tun.

Wer Zeit haben will, darf sich nicht willenlos vom Strome der hastenden Umwelt mittreiben lassen. Wer seinem eigenen Rhythmus folgt, wer auf den eigenen inneren Pulsschlag horcht, hat mehr vom Leben.

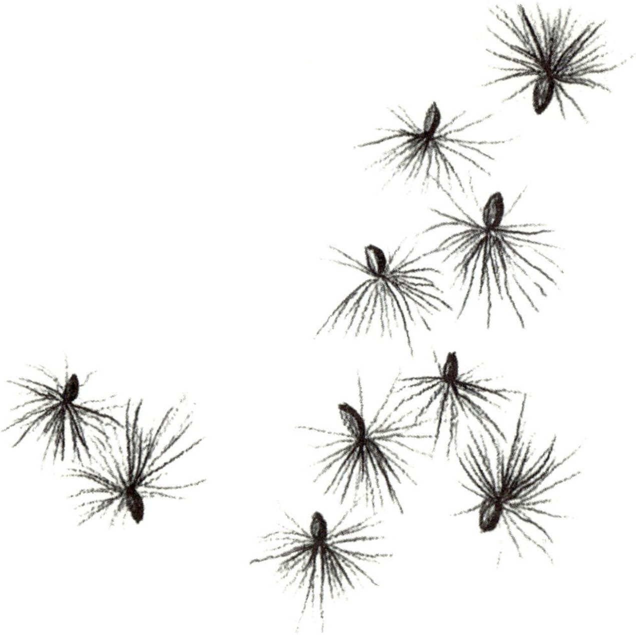

IST ZEIT GELD? IST ZEIT NICHT LEBEN?

Es wird gesagt, Zeit sei Geld. Ist Zeit wirklich nur Geld? Können wir eine einzige Stunde, die vorbei ist, zurückkaufen? Zeit ist nicht Geld.

Zeit ist Leben. Jede Sekunde, jede Minute ist ein Teil jener Zeit, die uns innerhalb unseres Lebens zur Verfügung steht. Zeit ist also Leben!

Benjamin Franklin sagte: »Die Menschen geben vor, das Leben zu lieben. Dennoch verschwenden sie ihre Zeit, obwohl es der Stoff ist, aus dem das Leben gemacht ist.«

Zeit ist kostbarer als Geld, und doch gibt es so viele, die über jeden Fünfer Kassenbuch führen, jeden Fünfer im Kassenschrank einsperren. Sie machen Monats- und Jahresbudgets für ihr Geld. Jede Geldauslage wird zehnmal überlegt.

Tun sie das mit der Zeit? Und doch ist Zeit, wenn sie einmal ausgegeben ist, unwiederbringlich vorbei. Geld kann man wiedergewinnen - Zeit nicht.

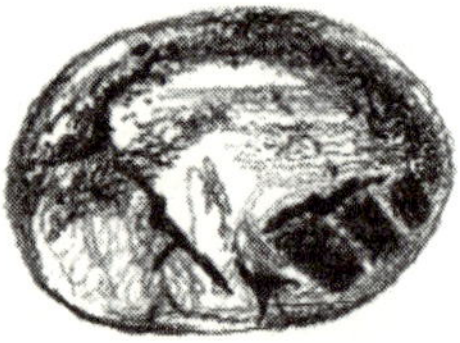

AN DER SPITZE SEIN UND DOCH ZEIT HABEN

Einen sehr einleuchtenden Ratschlag für die Vorgesetzten, für die Zeit anscheinend noch Geld ist und die Zeit erübrigen wollen, gibt Eric Webster in »Eine Nasenlänge voraus«:

> *»Ehe Sie andere organisieren, organisieren Sie sich selbst!«*

Der Vorgesetzte, der seinen Arbeitstag einmal etwas genauer unter die Lupe nimmt, wird immer wieder feststellen, daß ihm oft nur ein geringer Teil seiner Arbeitszeit für die schöpferische Arbeit übrigbleibt. Das müßte eigentlich immer ein Warnzeichen sein, daß im Arbeitsablauf etwas nicht stimmt.

> *Zeiteinteilung ist alles.*

Webster fragt mit Recht, was wir tun würden, wenn die Leistung in einer Abteilung oder im ganzen Betrieb nachließe. Wahrscheinlich müßte der allgemeine Arbeitsplan überprüft werden, um die Ursache des Leistungsrückganges herauszufinden und festzustellen, wo wertvolle Arbeitszeit vertan wurde.

Wessen Arbeitszeit in einer Firma ist am wertvollsten? Doch sicher die der Vorgesetzten. Sollten die Vorgesetzten nicht von Zeit zu Zeit über die Verwendung ihrer eigenen Zeit im Betrieb nachdenken?

Im großen und ganzen weiß jeder Chef natürlich sehr gut, was er mit seiner Zeit anfängt. Mancher wird aber, wenn er sich einmal Punkt für Punkt darüber Rechenschaft ablegt, an der bisherigen Einteilung einiges korrekturbedürftig finden.

Nach Prüfung der Zeitpläne von 58 Persönlichkeiten in leitenden Stellungen (die Hälfte waren Generaldirektoren oder Ressortchefs) kam Georg Copeman in »Business« zu folgendem Schluß:

Ganz allgemein könnte eine fünfundzwanzig- oder zwanzigprozentige Verkürzung der Zeit, die Vorgesetzte damit verbringen, Leute zu empfangen, ihnen zu schreiben, sie anzurufen, Berichte zu lesen usw., erreicht werden. Dadurch könnte unter

Umständen die Zeit für schöpferische Arbeit verdoppelt und vielleicht auch die berufliche Tüchtigkeit im gleichen Verhältnis gesteigert werden.

Es kann sich also lohnen, einmal die eigenen Hauptttätigkeiten zu analysieren und zu rubrizieren, um dann etwa einen Monat lang einen eigenen, strafferen Stundenplan einzuhalten.

Nur dann, wenn wir selber einmal aufschreiben, was während einer Woche in fünfmal acht Stunden getan worden ist, bekommen wir annähernd einen Begriff, wo unsere Zeit hingekommen ist. Nur dann ist es uns auch möglich festzustellen, wie wir die Zeit besser hätten nutzen können.

Wenn die Prüfung der Zeitpläne von 58 Persönlichkeiten in leitenden Stellungen uns etwas zu sagen hat und wenn wir das Resultat der eigenen Zeitanalyse dazunehmen, dann stellen wir wahrscheinlich folgendes fest:

1. Wir arbeiten möglicherweise zu lange.
2. Wir verwenden zuviel Zeit für Unwichtiges.
3. Vieles, was wir tun, könnte jemand anders erledigen, und manches brauchte überhaupt nicht getan zu werden.

Natürlich packen wir jetzt ein Problem an, das bisher niemand zur vollen Zufriedenheit gelöst hat - und das voraussichtlich auch nicht zu lösen sein wird. Aber gerade deswegen ist immer noch genügend Raum für eine gewisse Steigerung der eigenen Produktivität.

Betrachten wir die Sache von verschiedenen Blickpunkten aus. Viele Leute in Spitzenstellungen lassen sich anscheinend von ihrer Arbeit beherrschen. Ereignisse in der Umgebung und Druck von außen bestimmen über ihre Zeit.

> *Warum versuchen wir nicht einmal, den Problemen, die an uns herantreten, unseren eigenen Willen aufzuzwingen?*

Parkinson sagt uns, daß Arbeit sich im Verhältnis zu der Zeit ausdehnt, die dafür zur Verfügung steht. In gewissem Grade ist das Gegenteil richtig.

> *Arbeit läßt sich komprimieren, damit wir Zeit, die uns vorher nicht zur Verfügung stand, freibekommen. Im übrigen wird der Wert der Vorgesetzten nicht nach ihrer Betriebsamkeit bemessen, sondern nach dem, was sie schaffen.*

Die Prüfung der Zeitpläne, von der wir sprachen, hat verraten, daß die meisten Vorgesetzten sich viel zu sehr mit dem täglichen Einerlei der Geschäftsführung belasten. Das liegt teils an einem angeborenen Arbeitsdrang und teils an der Tatsache, daß das Zeitbewußtsein noch zuwenig entwickelt ist.

DER CHEF, DIE CHEFIN SOLLTE AM STEUER STEHEN UND NICHT IM HEIZRAUM

Denn jeder und jede Vorgesetzte hat wie ein Schiffskapitän in erster Linie die Verantwortung für den richtigen Kurs und muß darauf achten, daß die Firma bei diesem bleibt.

Wenn er oder sie einmal auf der Brücke und einmal im Heizraum steht, bietet größerer Dampf keinen Ausgleich dafür, daß das Schiff sich im Kreise bewegt.

Angenommen, der Chef besitzt jetzt eine Analyse über seine Zeiteinteilung sowie seine eigenen Notizen darüber, wie er sie am liebsten verwenden würde. Was könnte er dann tun, um in Zukunft seine Zeit besser auszunutzen?

Das Durchschnittsproblem von Vorgesetzten besteht darin, daß sie es nicht schaffen, ihre Arbeitswoche um 15 Stunden zu kürzen, die störenden Unterbrechungen um 50 Prozent herabzusetzen, die Zeit, die mit Telefonanrufen vergeht, um 50 Prozent und die Zeit für Korrespondenzen um 30 Prozent zu reduzieren, die Zeit, die für Planung und Überlegung bestimmt ist, zu verdoppeln und sich mindestens eine halbe Stunde am Tag freizuhalten, um an nichts Bestimmtes zu denken.

Eine nützliche Gliederung, um das Zeitproblem in Angriff zu nehmen, ist folgende:

1. Organisieren
2. Delegieren
3. Isolieren
4. Konzentrieren

Wahrscheinlich beruht die wichtigste individuelle Ursache für mangelnde Arbeitsleistung von Vorgesetzten auf Überarbeitung.

Diese verhindert dann eine richtige Planung und Erledigung vordringlicher Aufgaben.

> *Organisieren heißt nicht komplizieren, sondern vereinfachen.*

Wenn der Aufgabenbereich der Vorgesetzten richtig definiert ist, dann sollte nur das Wesentliche stehengeblieben sein.

Wenn der Aufgabenbereich der Mitarbeitenden schriftlich festgelegt ist, dann wissen sie ein für allemal, wann sie frei entscheiden dürfen und wann sie wen konsultieren müssen.

Nicht alles selber tun wollen - delegieren!

Vorgesetzte dürfen nie selber zum Engpaß werden. Deshalb müssen sie delegieren, aber gründlich, konsequent, sonst drängen sich Aufgaben, die delegiert wurden, stets von neuem in den Tätigkeitsbereich des Vorgesetzten.

Dafür gibt es viele Gründe. Für die Übernahme von Verantwortung eignen sich nur wenige. Wer sich dafür eignet, übernimmt sie nur, wenn er sich in seiner Stellung sicher fühlt und seine Richtlinien genau kennt.

Je unsicherer die Mitarbeitenden der Vorgesetzten sind, um so mehr fällt Arbeit auf diese zurück. Richtig geführte Mitarbeiter und Mitarbeiterinnen wachsen mit ihrer Verantwortlichkeit.

Jede Initiative, die Vorgesetzten Zeit oder Mühe erspart, sofern das Risiko tragbar ist, sollte gefördert werden.

Vorgesetzte brauchen Zeiten der Zurückgezogenheit.

An bestimmten Tagen, wenn besondere Aufgaben vorliegen, darf die Chefin »abwesend« sein, und nur eine Person im Betrieb darf dann wissen, wo die Vorgesetzte arbeitet und in welchen sehr dringenden Fällen sie gestört werden darf.

Konzentration.

Je mehr der Tag durch zuviel Kleinkram zerstükkelt wird, um so schlechter läßt er sich auswerten. Der Zwang, sich dauernd umzustellen, kann dazu führen, daß man nicht mehr imstande ist, sich länger als fünf Minuten auf eine Sache zu konzentrieren. Wenn das einmal eintritt, dann kann dem nur durch eine längere Arbeitsunterbrechung abgeholfen werden.

Schöpferische und verwaltungstechnische Arbeiten sind stets streng voneinander zu trennen, denn diese beiden Tätigkeiten stören sich gegenseitig. Jeder Chef und jede Chefin muß von vornherein bestimmen, wann er oder sie sich der schöpferischen Arbeit und wann den administrativen Aufgaben widmen will.

Der einmal aufgestellte Leistungsplan ist immer wieder zu überprüfen. Wenn die Bemühungen gezielt und richtig waren, wird auch das erwünschte Resultat nicht ausbleiben.

Man wird der ameisenhaften Betriebsamkeit entwachsen sein, mehr Zeit haben für das Wesentliche und die Möglichkeit, nicht nur Chef zu sein, sondern auch Mensch.

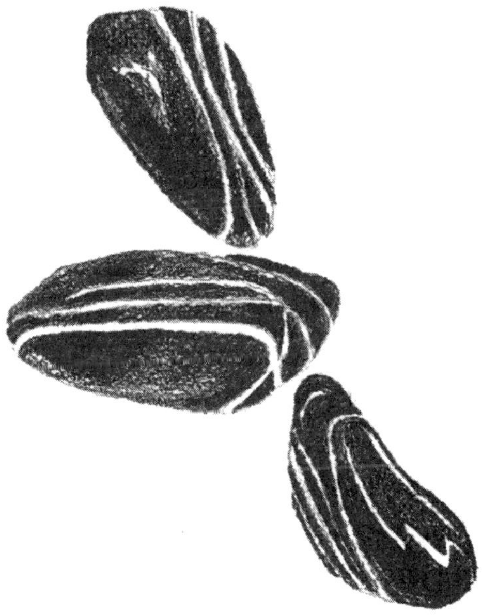

WORIN LIEGT NUN DIE LÖSUNG DES ZEITPROBLEMS?

Man kann Geld für Nichtigkeiten ausgeben und auch Zeit an Wertloses verschwenden!

Man kann sich vorstellen, bei unserer Geburt sei eine Kerze angezündet worden, die bei Tag und Nacht brennt. Wenn das Durchschnittsalter siebzig Jahre beträgt, dann ist unsere Kerze nach fünfunddreißig Jahren zur Hälfte abgebrannt.

Je weiter nun diese Kerze brennt, um so deutlicher müssen wir eigentlich den Wert der Zeit erkennen. Jede Stunde, die übrigbleibt, wird um so kostbarer, und um so sorgfältiger müssen wir deshalb wählen, wofür wir die Stunden und die Tage geben.

Was wir brauchen, ist ein besseres, zuverlässiges, untrügliches Zeitbewußtsein.

Nach Seneca beklagen wir uns ständig, wie wenige Tage uns bemessen seien, doch wir handeln, als ob sie kein Ende nähmen.

Antipater sagte einem Bauern, der ihm ein Buch über die Glückseligkeit zustellte, er habe keine Zeit. Darauf sagte der Bauer zu seinem König: »Ei, dann solltest du auch nicht regieren, wenn du keine Zeit hast.«

> *Zeit haben heißt wissen, wofür man Zeit haben will und wofür nicht.*

Die Lösung des Problems liegt also darin, daß wir uns zuerst einmal darüber klarwerden müssen, wofür wir Zeit haben wollen und wieviel.

Das Wertmaß jedes Tuns sollte in Vergleich zum Zeitaufwand dieser Arbeit gebracht werden.

Je mehr wir Zeit zu werten wissen, um so weniger werden wir von diesem kostbaren Gut für unwichtiges, uns und unsere Mitmenschen nicht förderndes Tun aufwenden.

Das führt zunächst zum Ausscheiden oder Bestimmen dessen, was wichtig, weniger wichtig und unwichtig ist für uns.

Für alles Zeit haben wollen ist die größte Illusion jener, die nie Zeit haben für die Hauptsache!

Zeit haben ist weniger ein Problem der Beschränkung unserer Interessengebiete als ein Problem kluger Auswahl und peinlicher Ordnung in der Vielseitigkeit aller unserer Interessen.

Leute, die viel zu tun haben, haben immer Zeit für alles, was sie und andere fördern könnte.

Freie gewinnen Zeit, weil sie frei sind vom Unwesentlichen.

Morgenstern sagt:

Alles ist von Wichtigkeit,
alles ist nicht gar so wichtig.
Nur die rechte Sichtigkeit,
und du wandelst richtig.

Wer keine Zeit hat für das Wesentliche, sollte sich einmal hinsetzen und sich gründlich fragen, warum.

Man kann beispielsweise zweimal die zwölf Stunden des Zifferblattes seiner Uhr auf ein Blatt Papier zeichnen und dann von der Mitte ausgehend Keile einsetzen, in die man einträgt, wofür man Zeit hergibt. Wer das ehrlich mit sich selber einige Tage lang tut, wird immer mehr Möglichkeiten entdecken, wie sich Zeit für wirklich Wesentliches finden läßt.

Die Zeitfrage ist eine Frage der Lebenskunst und der Reife.

Die Wahl, wofür wir Zeit haben wollen, bestimmt schließlich auch, wofür und wie wir leben.

Denn Zeit ist Leben.

ZEIT IST ALSO INSOFERN KOSTBAR, ALS IHR GEBRAUCH UNSER LEBEN UND SEINEN INHALT BESTIMMT

Unsere Zeit, also unser Leben, ist wie ein Saatfeld. Das, was wir ernten, hat den Gehalt und ist von der gleichen Art wie das, was wir gesät haben.

Ob wir eine Konzeption des Lebens haben oder nicht, die Zeitfrage bleibt dennoch eine Frage der Lebenskunst oder, noch besser gesagt, der Zielstellung in unserem Leben.

Die Kunst, Zeit zu haben, und die Kunst der Verwendung der Zeit ist darum wichtig und eine Frage der Reife oder Unreife im Umgang mit der uns gegebenen Zeit.

Pflanzen tragen Früchte, wenn es an der Zeit ist. Zeit ist darum auch Reifezeit für uns.

> *Wir sind nie reif genug, Zeit noch besser zu verwenden.*

Unsere Vorlieben, Meinungen, Gewohnheiten und Tendenzen, unsere Gebundenheit oder Freiheit bestimmen darüber, wofür wir Zeit haben und wofür nicht.

Wofür wir Zeit haben wollen, ist eine Frage der inneren Entwicklung.

Unsere geistige Grundhaltung, die Reife unserer Lebensanschauung, wählt schlußendlich, wofür wir leben und wofür wir Zeit haben.

Zeit, um dem Leben mehr Gehalt zu geben.

Das Leben verlangt von uns, daß wir ihm immer mehr Gehalt geben. Man kann das Leben vervielfachen, also jeder Minute, jeder Stunde mehr Gehalt verleihen.

Man kann reich oder arm sein, je nachdem, wie man sich seine Zeit einteilt.

Gerade weil die Zeit kostbar ist, müssen wir uns immer und immer wieder fragen, wofür wir Zeit haben, wofür wir Zeit geben.

Wir können auch die Fragen stellen: Bringt mich oder andere das, womit ich meine Zeit verbringe, weiter, fördert es, dient es, trägt es zu etwas bei, hat es Wert, ist es sauber, hat es guten Geist, hat es Größe?

Möchte ich nicht auch, daß ein Mensch, den ich liebe, der mir nahesteht, an meiner kostbaren Zeit teilhaben könnte?

ZEIT SCHENKEN

Denen, die es beherzigen wollen, schreibt die kluge Ursina folgendes ins Zeitgewissen: »Zeit ›kostet‹ weniger als ein Pfund Karotten und ist zugleich kostbarer als jedes Brillantcollier im Schaufenster. Mariette, die ihrem Mann das Uhrarmband im Scherz versteckt, und Karl, der seiner Frau eine neue goldene Uhr kauft, möchten beide dasselbe von ihren Angetrauten: Zeit!

Alle Menschen haben während Jahrzehnten zuwenig davon. Erst Greise dürfen generös damit umgehen - aber wozu, für wen? Oft haben nicht einmal sie selbst Freude am goldenen Zeitüberfluß.

Im Lebenszenit Zeit schenken - ein guter Vorsatz, eine königliche Geste!

Hier und dort eine Handvoll Zeit in den Wind streuen, das eiserne 24-Stunden-Korsett, die

Routine, das vorgegebene Programm mutig durchbrechen, irgendwohin ein Licht, eine schöne Blume, drei kleine Verse tragen - das sind nur einige der Möglichkeiten, die uns gegeben wurden. Liebliche Zeitinseln inmitten einer Zeit, die keiner mehr zu haben scheint.

Zeit schenken! Wer dies kann, wird gelebt haben.«

Zusammenfassend:

Unsere Zeit ist kurz bemessen. Wir haben nicht viel Zeit. Mit jedem Tag haben wir weniger. Um so mehr sollten wir klar erkennen, wofür wir Zeit haben wollen und wofür nicht.

Wir sollten also nie sagen: »Ich habe keine Zeit!«, sondern erkennend wissen: »Dafür habe ich keine Zeit« oder »dafür habe ich Zeit«.

Darum seien wir nicht nur Zeitmenschen, seien wir nicht der Zeit untertan. Machen wir uns die Zeit untertan.

Der Ansicht, die dieser Titel wiedergibt, ist Robert H. Schuller. Er fragt, ob nicht an vielen Mißerfolgen und Niederlagen nichts anderes schuld sei als die Tatsache, daß Menschen nicht verstehen, mit ihrer Zeit richtig umzugehen.

Wie viele Menschen leiden unter schlechter Gesundheit, weil sie nie Zeit haben, darüber nachzudenken, was ihrer Gesundheit dient, und dann entsprechend zu handeln.

- Wie viele schädliche Spannungen haben ihre direkte oder indirekte Ursache darin, daß Menschen nicht Verwalter ihrer Zeit sind und darum ihre Angelegenheiten nicht unter Kontrolle haben?
- Wieviel Geld geht Tag für Tag allein im Geschäftsleben verloren, weil Zeit vergeudet wird, weil Leute zu spät kommen, weil die Arbeit nicht in der vorgesehenen Zeit vollbracht wird?
- Wie viele Ehen gehen in Brüche, weil die Partner nicht genug Zeit füreinander haben?
- Wie viele Studentinnen und Studenten geben Jahr für Jahr ihr Studium ohne Abschluß auf, weil sie ihre Zeit vergeuden und daher nicht ans Ziel kommen?
- Wie viele Arbeitskräfte wechseln die Stelle, nur weil ihre Vorgesetzten keine Zeit für sie und ihre Probleme haben?

- Wie viele fadenscheinige Ausreden werden Tag für Tag einzig fürs Zuspätkommen ersonnen?
- Wie viele Menschen kommen Jahr für Jahr in Verkehrsunfällen ums Leben, deren Ursache übertriebene Eile ist?

Wenn wir glücklich und erfolgreich leben wollen, müssen wir lernen, Verwalter unserer Zeit zu sein. Viele Menschen kommen nicht voran, weil sie nie gelernt haben, ihre Zeit einzuteilen. Viele Menschen bringen es zu etwas, weil sie sich in der Kunst, Zeit zu haben, geübt haben.

»Wie machen sie es nur? Wo nehmen sie bloß die Zeit her?« fragen wir uns, wenn wir Menschen begegnen, die ein riesiges Arbeitspensum erledigen und daneben erst noch Zeit für alle möglichen Interessen finden.

Wir wollen sehen, wie man sich in der Kunst, Zeit zu haben, weiterbildet - in dieser Kunst, die oft genug über Erfolg und Mißerfolg entscheidet.

LERNEN WIR, MIT DER ZEIT ZU RECHNEN WIE MIT GELD!

Was wir nicht für besonders wertvoll halten, sind wir leicht versucht zu verschwenden. Darum kann man nicht oft genug wiederholen: Zeit ist mehr als Geld. Genau wie Geld kann man auch Zeit sinnvoll anlegen oder sinnlos verschwenden. Richtig angelegt, dient uns Zeit dazu, Ideen zu entwickeln, Vorhaben zu planen, Probleme zu studieren, uns Wissen, Kenntnisse und Erfahrungen anzueignen. Dies bringt uns weiter und dem Erfolg näher.

Vielleicht würden wir uns des Werts der Zeit besser bewußt, wenn wir eine Gebühr für verschwendete Zeit entrichten müßten. Vielleicht würden wir unsere Zeit besser nutzen, wenn wir dafür bezahlen müßten. Leider erscheint Zeit vielen Menschen als billig, weil wir gratis und frei darüber verfügen können.

Wir erliegen gerne der Versuchung, mit allem, was im vermeintlichen Überfluß vorhanden ist, leichtfertig umzugehen. Und zu viele Menschen scheinen anzunehmen, sie würden ewig leben, sie hätten noch Zeit im Überfluß. Es bleibt ja noch »so viel Zeit«, etwas aus seinem Leben zu machen – doch plötzlich ist das Leben zu Ende, und die Möglichkeiten blieben ungenutzt.

Schon in meiner frühesten Jugend hämmerte mir meine Mutter den Satz ein: »Verlorene Zeit kehrt nie mehr zurück.« Ein anderes Sprichwort ist die logische Folge dieses Satzes: »Was du heute kannst besorgen, das verschiebe nicht auf morgen!« Es blieb für ewige Zeiten in meinem Gedächtnis haften, als ich die tragischen Worte eines sterbenden Schriftstellers las: »Mein Buch, mein Buch! Ich werde mein Buch nicht vollenden!«

Darum begann auch ich meine Lebensarbeit in der Annahme, ich würde vielleicht nicht lange genug leben, um alles zu vollenden, was mir aufgegeben sei. Wenn ich etwas von Bestand erschaffen wollte, mußte ich mich beeilen. Und ich beeile mich unentwegt. Lebe ich deswegen in ständiger Anspannung? Keine Rede! Aber das mir selbst gestellte Ziel treibt mich voran, läßt mich meine Pläne nicht auf die lange Bank schieben. Die meisten erfolgreichen Menschen, die ich kenne, machen sich ohne Verzug hinter ihre Aufgaben. Je früher man beginnt, um so besser. Machen wir es ebenso! Verlieren wir keine Zeit – beginnen wir heute!

Arbeiten wir jeden Tag, wie wenn es der letzte wäre. Das wird nicht nur in kurzer Zeit unsere Leistungen steigern, es wird auch unsere Kraftreserven erhöhen. Das Wissen um die Dringlichkeit einer Arbeit steigert die Arbeitskraft. Sicher ist Ihnen schon aufgefallen, wie langsam arbeitende Leute oft energielos scheinen, während Leute, die wissen, daß Zeit mehr als Geld ist, und entsprechend schnell arbeiten, vor Tatkraft sprühen. Rasches und zielbewußtes Arbeiten öffnet die Energiequellen des menschlichen Gehirns. Lahmes, undiszipliniertes Arbeiten erzeugt geistige und körperliche Müdigkeit.

Lernen wir also, mit der Zeit noch zielbewußter umzugehen als mit Geld!

FÜHREN WIR BUCH ÜBER UNSERE ZEIT!

Jedes Geschäft rechnet mit seinem Geld und führt Buch darüber. Nichts ist wertvoller für uns als unsere Zeit. Und doch - haben wir uns schon einmal darüber Rechenschaft abgelegt, wie wir sie ausgeben?

Wenn Leute sagen: »Ich habe keine Zeit«, meinen sie in Wirklichkeit: »Ich glaube, ich habe keine Zeit.« Wenn sie gewissenhaft Buch führten, sähen sie, daß sie Zeit haben.

Geben wir uns auch Rechenschaft, wofür wir unsere Zeit ausgeben. Schreiben wir einmal einen Monat lang gewissenhaft auf, wozu wir wieviel Zeit brauchen. Wir werden erstaunt sein zu sehen, wie verschwenderisch wir mit unserer Zeit umgehen, und wir werden den Wert der Zeit besser erkennen.

Man hat festgestellt, daß Zeit heute ein weit größeres Problem darstellt als noch vor einem Jahrhundert. Ist das bei den heutigen schnellen Verkehrsmitteln und zeitsparenden Einrichtungen nicht sonderbar? Sobald wir begonnen haben, über unsere Zeit Buch zu führen, wird uns dieses Phänomen verständlich werden. Meine Eltern lebten in der Zeit zwischen Pferdewagen und Automobil. Sie lebten auf dem Land, und zur Zeit des Pferdewagens gingen sie nur einmal wöchentlich in die Stadt, um einzukaufen. Dazu benötigten sie jeweils eine Stunde. Wieviel Zeit kosten uns heute unsere wöchentlichen Einkäufe?

ERSTELLEN WIR EIN ZEITBUDGET!

Wir wissen nun, wie wir unsere Zeit ausgeben. Wir wissen auch, wie viele Stunden ein Tag hat. Erstellen wir ein Zeitbudget. Planen wir unseren Tag, und halten wir uns an diesen Plan! Das wird freilich nicht immer leicht sein, denn immer wieder treten nicht voraussehbare Verschiebungen auf. Das darf uns aber nicht dazu verleiten, aufzugeben und wieder ohne Zeitplan zu leben. Das wäre das Dümmste, was wir tun könnten. Zeitverluste, die sich nicht einkalkulieren lassen, sind unvermeidlich.

Schreiben wir auf, was wir heute erledigen *möchten*, was wir erledigen *können* und was wir erledigen *müssen*.

Das Wichtigste kommt zuerst, und am wichtigsten ist das, was sich uns heute und dann vielleicht nie mehr bietet. Es hat den Vorrang vor allem anderen.

Wir werden überrascht sein, wie vieles warten kann, von dem wir glaubten, es müsse unbedingt erledigt werden.

Trachten wir danach, unseren Tagesplan einzuhalten. Widerstehen wir der Versuchung, das an den Anfang unserer Liste zu setzen, was wir am liebsten tun möchten. Ohne Selbstdisziplin geht es nicht. Gewöhnen wir uns an, nein zu sagen. Zu uns selber und zu anderen, die unsere Zeit unnütz beanspruchen wollen.

Befreien wir uns von der Vorstellung, man müsse jeden Telefonanruf beantworten und man müsse jedesmal zur Türe gehen, wenn es läutet.

Lernen wir, auf freundliche, aber bestimmte Art auch nein zu sagen.

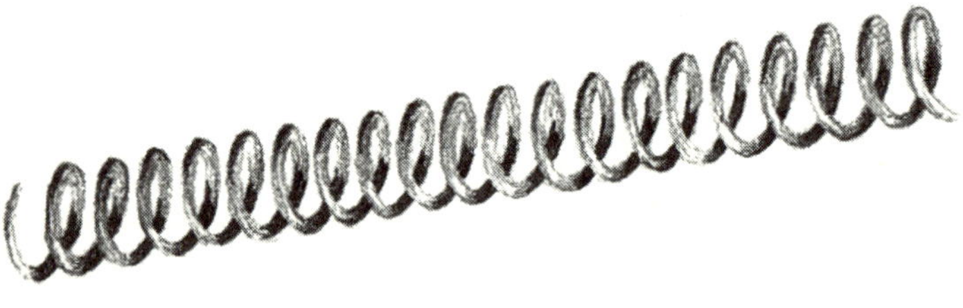

SORGEN WIR FÜR EIN AUSGEGLICHENES ZEITBUDGET!

Manch einer hat ein Vermögen gemacht, indem er sieben Tage in der Woche sechzehn Stunden lang hart arbeitete - aber er verlor dabei seine Frau und seine Kinder. Begehen wir nicht den Fehler, dem Ehrgeiz so viel Zeit zu opfern, daß wir bald auch zu denen gehören, die zwar reich, aber einsam sind, wohlhabend, aber tot. Die Gesundheit von Körper, Geist und Seele, das Wohlergehen der Familie verlangen eine kluge Zeiteinteilung.

Gott hat den Menschen so geschaffen, daß er einen Tag in der Woche der Entspannung und Erholung bedarf. Der Entspannung und Erholung für Körper und Geist.

Ein Ire, dessen Namen ich leider nicht weiß, schrieb einmal:

- Nimm dir Zeit, um zu arbeiten; es ist der Preis des Erfolgs.
- Nimm dir Zeit, um nachzudenken; es ist die Quelle der Kraft.
- Nimm dir Zeit, um zu spielen; es ist das Geheimnis der Jugend.
- Nimm dir Zeit, um zu lesen; es ist die Grundlage des Wissens.
- Nimm dir Zeit, um freundlich zu sein; es ist das Tor zum Glücklichsein.
- Nimm dir Zeit, um zu träumen; es ist der Weg zu den Sternen.
- Nimm dir Zeit, um zu lieben; es ist die wahre Lebensfreude.
- Nimm dir Zeit, um froh zu sein; es ist die Musik der Seele.

RECHNEN WIR MIT VERZÖGERUNGEN!

Rechnen wir unbedingt Zeit ein für Verzögerungen und Unterbrechungen. Wer sein ganzes Einkommen aufteilt, ohne etwas für Unvorhergesehenes zu budgetieren, kann in Schwierigkeiten kommen. Genauso verhält es sich beim Zeitbudget. Vor langer Zeit gab mir mein Vater den Rat, an den ich mich immer noch halte: »Wohin du auch fährst, rechne immer Zeit ein für einen Radwechsel!«

Rechnen wir mit Verzögerungen - es kann uns das Leben retten, wenn wir mit dem Wagen unterwegs sind, oder unseren Ruf, wenn wir eine wichtige Verabredung haben.

Verzögerungen bergen Möglichkeiten in sich!

Verzögerungen und die Zeit, die wir dafür eingesetzt haben, können wir in vielen Fällen schöpferisch nutzen. Ein Freund, der viel im Wagen unterwegs ist, hat immer ein Buch bei sich. Wenn er wegen Straßenbauarbeiten oder aus einem anderen Grund irgendwo länger warten muß, nimmt er sein Buch zur Hand und liest. Anstatt sich zu ärgern, tut er etwas für seine Bildung. Das ist auch eine Möglichkeit, um mit der heutigen Verkehrsmisere fertig zu werden.

Viele positiv eingestellte Menschen nutzen Verzögerungen, anstatt sich darüber zu ärgern, und gelangen so erst noch in den Ruf eines beherrschten und ausgeglichenen Charakters.

Eines Morgens wartete ich in Grand Rapids auf das Flugzeug nach Chicago, von wo ich nach Los Angeles weiterfliegen wollte. Plötzlich ertönte der Lautsprecher: »Alle Passagiere mit Flug 711 bitte zur Information!« Dort erklärte uns ein freundlicher Beamter, daß der Flug wegen Nebels leider ausfallen müsse. Neben mir stand ein wichtig aussehender Mann, der sofort aufgeregt loslegte: »Wenn der Flug ausfällt, verpasse ich meinen Anschluß in Chicago. Dann erreiche ich in New York das Morgenflugzeug nach Zürich nicht mehr, und ich muß morgen unbedingt in Zürich sein!«

Mit jedem seiner Worte hatte seine Erregung zugenommen. Ich sah ihm in die Augen und sagte lächelnd: »Auch ich werde meinen Anschluß verpassen. Offenbar haben wir beide dasselbe Problem.« Dann fügte ich hinzu: »Und wir haben beide eine großartige Gelegenheit, uns zu prüfen, wie wir mit einer unangenehmen und mißlichen Lage fertig werden.«

Das Gesicht des verhinderten Reisenden entspannte sich. Seine hochfahrende, herrische Haltung änderte sich, und mit ruhiger Stimme sagte er zu dem Mann hinter dem Schalter: »Sehen Sie bitte zu, was Sie tun können. Inzwischen schicke ich ein Telegramm nach Zürich, daß ich aufgehalten bin.« Er wandte sich ab und entfernte sich in Richtung auf den Telegrammschalter. Doch nach zwei, drei Schritten hielt er inne, drehte sich um und sagte zu mir: »Vielen Dank! Herzlichen Dank!« Und damit verwandelte er ein unerwartet aufgetretenes Problem in einen Sieg über sich selbst. Als er wegging, ließ er etwas zurück – einen ausgezeichneten Eindruck!

WÄGEN WIR UNSERE ZEIT!

Nicht alle Stunden haben gleichviel »Gewicht«. Eine Stunde am frühen Morgen ist kostbarer als eine am späten Nachmittag. Am Montag sind wir vielleicht geistig weniger rege, weniger dynamisch, weniger leistungsfähig als am Mittwoch. Finden wir heraus, welche Stunden welcher Wochentage unsere kostbarsten sind.

Richard Neutra fand heraus, daß die sehr frühen Morgenstunden seine fruchtbarsten waren. Während Jahren begann er seine Arbeit um vier Uhr früh. Viele schöpferische Menschen bezeichnen die Stunden am frühen Morgen und am späten Abend als ihre besten. Das mag damit zusammenhängen, daß ihr Unterbewußtsein ruhig und ausgeglichen ist, weil es zu dieser »unmöglichen« Zeit keine Störungen erwartet. Ein schöpferischer Geist ist in Perioden absoluter Entspannung am fruchtbarsten.

Wägen wir unsere Stunden. Verlegen wir unsere wichtigsten Arbeiten auf unsere besten Stunden, und wir werden leichter arbeiten als bisher.

SETZEN WIR UNS SELBST TERMINE; ZEITMANGEL GIBT ES NICHT!

Das beste Mittel, sich gegen die Versuchung zu schützen, Pläne hinauszuschieben, sind selbstbestimmte Termine. Lassen wir genügend Menschen wissen, daß wir dies oder jenes bis dann und dann tun wollen, und wir kommen nicht darum herum, es bald in Angriff zu nehmen.

Setzen wir uns Fristen! Erstellen wir Zeitpläne! Das schränkt wohl unsere Zeit für weniger Wichtiges ein, aber es zwingt uns auch, die Arbeit in der dafür vorgesehenen Zeit zu vollenden.

Mit der Entschuldigung »Zeitmangel« sollten wir vorsichtig umgehen. Überlegen wir gut, ehe wir etwas Wichtiges ausschlagen, weil wir glauben, wir seien zu beschäftigt und hätten keine Zeit. Es wäre schade, wenn wir uns deswegen eine vielleicht nie mehr wiederkehrende Gelegenheit entgehen ließen.

In der Tat finden wir für beinahe alles Zeit, wofür wir Zeit haben wollen. Auch wenn unerwartet etwas auftritt, an dem uns wirklich gelegen ist, finden wir einen Weg. Manchmal jedoch fühlen wir uns lustlos oder müde und abgespannt, und dann verschanzen wir uns gerne hinter der Ausrede: »Ich kann nicht - ich habe keine Zeit.« Wir werden aber lustlos bleiben, wenn wir uns nicht anregen lassen - und angeregt werden wir nur, indem wir teilhaben.

Nach Gertrud Schneller hört man die Klage: »Mein Partner, meine Partnerin hat keine Zeit für mich« ebensooft wie die Klage über das Wetter oder die ständig steigende Teuerung. Übersetzt heißt sie ganz einfach:

> *Die Zeitnot des modernen Menschen nagt heute auch an der Ehe, die eben gerade der Zeit bedarf, soll sie nicht in ein banales Nebeneinanderleben hinauslaufen.*

Zu den Gefahren in der Ehe gehören auch die des Zuviel- und des Zuwenig-Zeit-Habens füreinander. Zuviel Zeit haben kann Langeweile bringen, zuwenig die Entfremdung.

Zur Bekämpfung der Langeweile stehen uns unzählige Heilmittel zur Verfügung, während wir der Entfremdung, ist sie einmal chronisch geworden, quasi machtlos gegenüberstehen.

Der Mann, der keine Zeit mehr hat für seine Frau, ist keine Einzelerscheinung. Unzählige stehen vor dem Dilemma, das vereinfacht heißt: Beruf oder Ehe? Der Existenzkampf, der durch unsere vermehrten Ansprüche an das Leben eben zum Existenzrennen geworden ist, fordert Opfer. Man gibt dem Geschäft, was der Ehe gehört. Das Resultat dieses Opfers ist ebenso erfreulich in ökonomischer wie bitter in ehelicher Sicht. Der eine Partner wird vielleicht zu einem der ersten Läufer im Rennen der Existenzbeschaffung, das »Holz« im Hause häuft sich, aber am Feuer sitzt die bzw. der andere allein.

Salopp ausgedrückt: Die Frau muß allein ernten, was der Mann täglich sät, denn er hat keine Zeit, die Ernte zu genießen. (Oder umgekehrt.) So sitzt sie allein im wohnlich eingerichteten Heim, sie sitzt allein oder mit Freunden im Kino, im Theater, im Konzert. Wenn sie ihm beim Morgenkaffee über den Opernbesuch des Vorabends erzählen will, muß sie es rasch im Telegrammstil erledigen. »Hoffentlich hattest du auch einen guten Logenplatz«, wird der Gatte zwischen Kaffee und Morgenblatt abwesend murmeln, und die Frau denkt sehnsüchtig an jene Jahre zurück, da sie zu zweit im dritten Rang oben saßen und die Vorstellung gemeinsam genossen.

Mit Lebenssituationen und mit Situationen einer Ehegemeinschaft im besonderen kann man nur fertig werden, wenn man sich bewußt geworden ist, daß jegliches Ding auf dieser Welt zwei Seiten hat. Man ist ungerecht, unlogisch und versteht nicht ein Jota von der Lebenskunst, wenn man diese zweite Seite verdrängt oder sie krampfhaft zu bekämpfen versucht.

Man kämpft nämlich gegen eine Mauer, die nicht niederzureißen ist, man kämpft gegen ein Gesetz, das nicht aufzuheben und dem alles im Leben unterworfen ist: dem Gesetz von Licht und Schatten.

Wollen wir das Licht in der Ehe bewahren, so müssen wir auch den Schatten akzeptieren.

Die Klage: »Mein Mann hat keine Zeit mehr für mich« kann zur Verbitterung führen, die unweigerlich in die Entfremdung führt; sie kann aber auch zur Feststellung werden, aus der im vollen Bewußtsein der Gefahr gegen die Entfremdung angekämpft werden kann. Gegen Entfremdungsgefühle ankämpfen heißt, die knappen Stunden des Zusammenseins nicht in die Verbitterung fallen lassen, heißt, in den wenigen Minuten, da man füreinander Zeit hat, nicht die Vernachlässigte spielen, sondern gerade diese Augenblicke durch innigeres und aufmerksameres Eingehen auf den anderen, frei von Ressentiments, zu intensivieren.

Solche Minuten mögen ihn vielleicht aufrütteln, mögen ihn vielleicht wecken, aufmerksam machen; zumindest aber sind sie Sicherungen gegen den Sturz in den Abgrund der Entfremdung. Denn Entfremdungsgefühle wachsen nur dort, wo man den Vorwurf, die Verbitterung, das Ressentiment, die Gleichgültigkeit gedeihen läßt.

Zuwenig Zeit haben füreinander muß wettgemacht werden, indem man sich in den seltenen gemeinsam zu verbringenden Stunden das Beste gibt, einander das Beste ist.

Die Entfremdungsgefahr zwischen Lebenspartnern ist niemals nur eine Angelegenheit des Zeithabens oder nicht, sie ist eine Angelegenheit der Wertverlegung.

Der Wertverlegung von der Qualität der gemeinsamen »Stunden« auf die Qualität der gemeinsamen »Minuten«. Der Wertverlegung vom Unwesentlichen zum Wesentlichen, vom Oberflächlichen zum Vertieften.

Die Zeit ist eine Karawanserei

Ernst und heiter –
Was Dichter über die Zeit
zu sagen haben

»Unablässig, allgewaltig,
Unaufhaltsam naht die Zeit.«

Adelbert von Chamisso, 1781–1838

Immer hat die Zeit die Dichter beflügelt. In guten Zeiten etwas weniger, in schlechten Zeiten etwas mehr. Offenbar denkt ein »gebeutelter« Mensch mehr an die Vergänglichkeit, während der Glückliche sich mit der freundlichen Gegenwart beschäftigt und der dahinrasenden Zeit weniger Aufmerksamkeit widmet …

Der Begriff *Zeit* besitzt viele Facetten, besinnliche, nachdenkliche, düstere, aber auch heitere und verspielte … Darüber hinaus fasziniert die Menschen, seit es Zeitmessung gibt, auch ein »technischer« Aspekt, in dem »die Zeit« sinnlich wahrnehmbar wird – die Uhr.

Wie »Die Kunst, Zeit zu haben« von Emil Oesch soll die kleine Blütenlese treffender Gedanken deutscher Dichter anregen, sich über den hektischen Tag hinaus mit dem Thema Zeit zu beschäftigen.

Und Schlag auf Schlag!
Werd' ich zum Augenblicke sagen:
Verweile doch! du bist so schön!
Dann magst du mich in Fesseln schlagen,
Dann will ich gern zu Grunde gehn!
Dann mag die Totenglocke schallen,
Dann bist du deines Dienstes frei,
Die Uhr mag stehn, die Zeiger fallen,
Es sei die Zeit für mich vorbei!

Johann Wolfgang von Goethe, 1749–1832
(aus: *Faust, 1. Teil*)

Hat alles seine Zeit
Das Nahe wird weit
Das Warme wird kalt
Der Junge wird alt
Das Kalte wird warm
Der Reiche wird arm
Der Narre gescheit
Alles zu seiner Zeit.

Johann Wolfgang von Goethe

DER MENSCH IST EWIGKEIT

Ich selbst bin Ewigkeit, wenn ich die Zeit verlasse
Und mich in Gott und Gott in mich zusammenfasse.

DIE GLEICHHEIT

Ich weiß nicht, was ich soll; es ist mir alles ein:
Ort, Unort, Ewigkeit, Zeit, Nacht, Tag, Freud und Pein.

Zwei Augen hat die Seel: eins schauet in die Zeit,
Das andre richtet sich hin in die Ewigkeit.

Zeit ist wie Ewigkeit und Ewigkeit wie Zeit,
So du nur selber nicht machst einen Unterschied.

Angelus Silesius (eigentlich Johannes Scheffler), 1624–1677
(Aus dem *Cherubinischen Wandersmann*)

Zeiten fordern wieder,
Was die Zeiten gaben:
Drum ist's nur gelehnet,
Was wir Menschen haben.

Wer die Zeit verklagen will,
Daß so zeitig sie verraucht,
Der verklage sich nur selbst,
Daß er sie nicht zeitig braucht.

DAS BESTE DER WELT

Weißt du, was in dieser Welt
Mir am meisten wohlgefällt?
Daß die Zeit sich selbst verzehret
Und die Welt nicht ewig währet.

DIE ZEIT VERTREIBEN

Daß der Tod uns übereile,
lasse man die Klage bleiben;
Jeder sucht ja kurze Weile,
Jeder will die Zeit vertreiben.

Friedrich Freiherr von Logau, 1604–1655

DIE ZEIT GEHT NICHT

Die Zeit geht nicht, sie stehet still,
Wir ziehen durch sie hin;
Sie ist ein' Karawanserei,
Wir sind die Pilger drin.

Ein Etwas, form- und farbenlos,
Das nur Gestalt gewinnt,
Wo ihr drin auf und nieder taucht,
Bis wieder ihr zerrinnt.

Es blitzt ein Tropfen Morgentau
Im Strahl des Sonnenlichts;
Ein Tag kann eine Perle sein
und ein Jahrhundert nichts.

Es ist ein weißes Pergament
Die Zeit und jeder schreibt
Mit seinem roten Blut darauf,
Bis ihn der Strom vertreibt.

An dich, du wunderbare Welt,
Du Schönheit ohne End,
Auch ich schreib meinen Liebesbrief
Auf dieses Pergament.

Froh bin ich, daß ich aufgeblüht
In deinem runden Kranz;
Zum Dank trüb ich die Quelle nicht
Und lobe deinen Glanz.

Gottfried Keller, 1819–1890

MEIN LEBEN

Mein Leben, ein Leben ist es kaum,
Ich geh' durch die Straßen als wie im Traum.

Wie Schatten huschen die Menschen hin,
Ich selber ein Schatten dazwischen bin.

Und im Herzen tiefe Müdigkeit –
Alles mahnt mich: Es ist Zeit!

Theodor Fontane, 1819–1898

BETRACHTUNG DER ZEIT

Mein sind die Jahre nicht, die mir die Zeit genommen;
Mein sind die Jahre nicht, die etwa möchten kommen;
Der Augenblick ist mein, und nehm ich den in acht,
So ist der mein, der Jahr und Ewigkeit gemacht.

Andreas Gryphius (eigentlich Andreas Greif),
1616–1664

DIE ZEIT

Kein höher Schatz ist in der großen Welt
Als nur die Zeit; wer die nach Würden hält,
Wer die recht braucht, trotzt Tod und Not und Neid
Und baut ihm selbst den Thron der Ewigkeit.

Andreas Gryphius

SPRUCH

Die Zeit ist schnell, das Leben blöd;
Der Weg ist schmal, die Welt ist schnöd;
Das Fleisch ist schwach, der Feind ein Wicht;
Der Tod gewiß, die Stund doch nicht:
Mensch, rüst dich fein bei rechter Zeit,
Denk immer an die Ewigkeit.

Jesaias Rompler von Löwenhalt, 1628–1658

DIE KORFSCHE UHR

Korf erfindet eine Uhr,
die mit zwei Paar Zeigern kreist
und damit nach vorn nicht nur,
sondern auch nach rückwärts weist.

Zeigt sie zwei, – somit auch zehn;
zeigt sie drei, – somit auch neun;
und man braucht nur hinzusehn,
um die Zeit nicht mehr zu scheun.

Denn auf dieser Uhr von Korfen
mit dem janushaften Lauf
(dazu ward sie so entworfen):
hebt die Zeit sich selber auf.

Christian Morgenstern, 1871–1914

AN MEINE TASCHENUHR

Du schlimme Uhr, du gehst mir viel zu schnell;
und doch – dich schauend, seh ich selber hell.
Unschuldig Räderwerk, was schelt ich dich?
Ich geh zu langsam, ach zu langsam – ich.

Christian Morgenstern

DIE UHR

Fürwahr, ein feines Kunstwerk ist die Uhr!
Der Wilde zwar, nach dummer Väterweise,
Besitzt noch nicht ein solches Zeitgehäuse,
Denn was ihn drückt, ist Mangel an Kultur.
Wir dahingegen, die schon mehr gescheit,
Sind längst beseelt vom Geist der Pünktlichkeit.
Unfehlbar sicher trifft die Exzellenz
Bei Hofe ein zur höchsten Audienz.
Der Herr Beamte, immer tatenfroh,
Erscheint auf die Minute im Büro.
Dem Reiseonkel, selbst in größter Hast,
Passiert es nie, daß er den Zug verpaßt.
Der Schüler, dem das Lernen ein Genuß,
Weiß ganz genau, wann er zur Stunde muß.
Und der Soldat erst recht ist prompt am Platz
Bei der Parade wie bei seinem Schatz.
Kurzum, präzis benimmt sich fast ein jeder.
Das macht allein die kleine stramme Feder,
Die innerlich das runde Ding bewegt,
Was man als Mensch von pünktlicher Dressur
Zu Nutz und Zier am warmen Busen trägt.
Sehr häufig zieht der Jüngling sie herfür
Und macht damit auch andern ein Pläsier.

Wilhelm Busch, 1832–1908

RÄTSEL NR. 57

Ich armer Sklave
erleide harte Strafe
und komme nie zum Schlafe.
Den Pferden gleich im Brunnenhaus
geh ich ringsum, jahrein, jahraus;
und fang ich auch zu schlummern an,
kommt ein metallener Mann heran
und treibt zu neuer Arbeit an;
und wo der Starke, der mich rette?
Das Haus, das mich verschließt,
liegt selber an der Kette.

(Lösung: Uhrenrad)

RÄTSEL NR. 59

Immer steh ich umgeben von Toten,
und immer geh ich wie andere Boten.

(Lösung: Uhrzeiger)

Johann Peter Hebel, 1760–1826

HERBSTTAG

Herr: es ist Zeit. Der Sommer war sehr groß.
Leg deinen Schatten auf die Sonnenuhren,
und auf den Fluren laß die Winde los.

Befiehl den letzten Früchten voll zu sein;
gieb ihnen noch zwei südlichere Tage,
dränge sie zur Vollendung hin und jage
die letzte Süße in den schweren Wein.

Wer jetzt kein Haus hat, baut sich keines mehr.
Wer jetzt allein ist, wird es lange bleiben,
wird wachen, lesen, lange Briefe schreiben
und wird in den Alleen hin und her
unruhig wandern, wenn die Blätter treiben.

Rainer Maria Rilke, 1875–1926

IMMER UND ÜBERALL

Dringe tief zu Berges Grüften,
Wolken folge hoch zu Lüften;
Muse ruft zu Bach und Thale
Tausend, aber tausend Male.

Sobald ein frisches Kelchlein blüht,
Es fordert neue Lieder;
Und wenn die Zeit verrauschend flieht,
Jahreszeiten kommen wieder.

Johann Wolfgang Goethe

SPRUCH DES KONFUZIUS

Dreifach ist der Schritt der Zeit;
Zögernd kommt die Zukunft hergezogen,
Pfeilschnell ist das Jetzt entflogen,
Ewig still steht die Vergangenheit.

Friedrich von Schiller, 1759–1802

NEUJAHRSLIED

Mit der Freude zieht der Schmerz
traulich durch die Zeiten.
Schwere Stürme, milde Weste,
bange Sorgen, frohe Feste
Wandeln sich zur Seiten.

Und wo eine Träne fällt,
blüht auch eine Rose.
Schon gemischt, noch eh wirs bitten,
ist für Thronen und für Hütten
Schmerz und Lust im Lose.

Wars nicht so im alten Jahr?
Wirds im neuen enden?
Sonnen wallen auf und nieder,
Wolken gehn und kommen wieder,
und kein Wunsch wirds wenden.

Gebe denn, der über uns
wägt mit rechter Waage,
jedem Sinn für seine Freuden,
Jedem Mut für seine Leiden
in die neuen Tage,

jedem auf des Lebens Pfad
einen Freund zur Seite,
ein zufriedenes Gemüte
und zu stiller Herzensgüte
Hoffnung ins Geleite!

Matthias Claudius, 1743–1815

Seid mir nur nicht gar zu traurig,
daß die schöne Zeit entflieht,
Daß die Welle kühl und schaurig
Uns in ihre Wirbel zieht;

Daß des Herzens süße Regung,
Daß der Liebe Hochgenuß,
Jene himmlische Bewegung,
Sich zur Ruh begeben muß.

Laßt uns liegen, singen, trinken,
Und wir pfeifen auf die Zeit;
Selbst ein leises Augenwinken
Zuckt durch alle Ewigkeit.

Wilhelm Busch

Eins, zwei, drei! Im Sauseschritt
Läuft die Zeit; wir laufen mit. –

Wilhelm Busch

Die Gedichtauswahl ist der umfassenden Anthologie »Stunden, Tage, Ewigkeiten. Eine poetische Geschichte der Zeit« entnommen, die 1998 im Oesch Verlag erscheint.

EMIL OESCH (1894 - 1974), der Gründer des Oesch Verlages, gilt als europäischer Pionier der Ausbildung und Förderung von Führungskräften und des Führungsnachwuchses. Emil Oesch gründete und leitete eines der ersten Fernlehrinstitute in Europa. Daraus entstand 1935 der Oesch Verlag, für den Emil Oesch zahlreiche Bücher und Kursunterlagen schrieb. Weiter war Oesch als Antiquar, Schriftleiter und Herausgeber mehrerer Zeitschriften und als Übersetzer tätig. Sein reiches Wissen weiterzugeben, das Wissen anderer zu vermitteln war ihm ein stetes Anliegen.
Emil Oesch starb 1974 in Ascona.

ANNEMIE LIEDER-VETTER, geboren 1951 in Sins (Schweiz), besuchte die Kunstgewerbeschule Luzern, Abteilung Textil. Sie ist Mutter von drei Töchtern und arbeitet seit 1987 als freischaffende Künstlerin: Textilgestalterin, Illustratorin, Bühnenbildnerin. Annemie Lieder-Vetter lebt und arbeitet seit 1984 wieder in ihrer Heimatgemeinde. Für den Oesch Verlag illustrierte sie 1992 das Buch ihrer Schwester Gabriela Vetter: *Ich freue mich, daß ich bin. Das Jahr der Freude und des Vertrauens.*